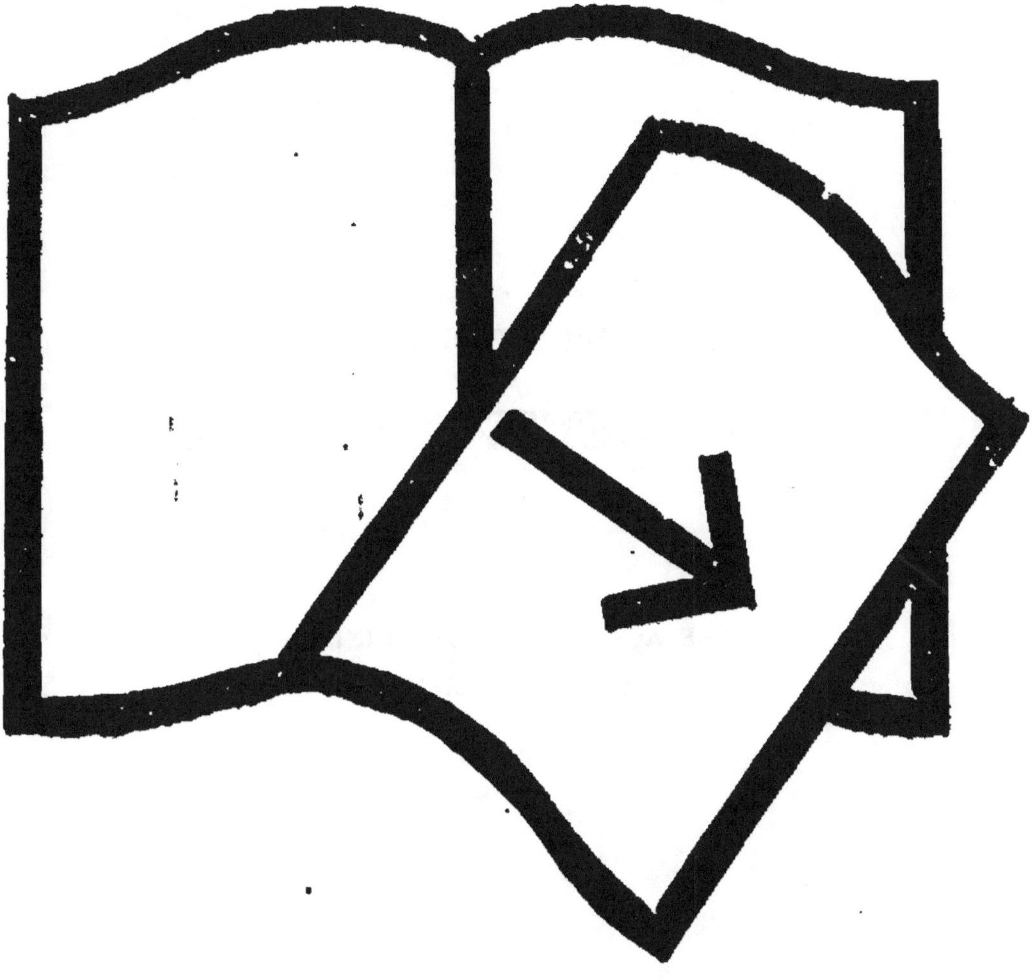

Couvertures supérieure et inférieure
manquantes

GRANDEUR ET DÉCADENCE
DE LA DETTE TUNISIENNE

I

SIMPLE APERÇU SUR L'ORIGINE DE LA DETTE TUNISIENNE

GRANDEUR ET DÉCADENCE

DE LA

DETTE TUNISIENNE

———

I

SIMPLE APERÇU

SUR

L'ORIGINE DE LA DETTE TUNISIENNE

GRANDEUR ET DECADENCE

DE

LA DETTE TUNISIENNE.

I

Simple Aperçu sur l'Origine de la Dette tunisienne.

Depuis quelque temps il s'est formé à Tunis une cabale dont le but n'est rien moins que le renversement de la Commission financière ainsi que de son président, et le retour à l'ancien système administratif, sous lequel tous les pouvoirs, comme tous les revenus, se trouvaient entre les mains du premier ministre. Cette cabale, composée en grande partie de Grecs, parents de ce dernier, d'étrangers à son service, et soudoyée par lui ainsi que par son fils aîné, menace gravement les intérêts des créanciers du bey, et nous ne saurions engager trop vivement ceux de nos compatriotes qui font partie de ces derniers, à se tenir sur leurs gardes.

Les moyens dont se servent les complices du premier ministre sont l'injure, la calomnie, la violence. Ils attaquent les membres de la Commission financière et son président en les accusant d'usurpation des droits du bey, de dilapidation des finances, dont ils n'auraient pris la gestion que contre la volonté de Son Altesse, en l'enlevant au khasnadar qui, pour eux, serait plus blanc que la neige, et dont la responsabilité ne serait, par conséquent, nullement compromise par la ruine du pays.

Les actes et le caractère du premier ministre, ainsi que du général Khérédine, sont assez connus pour que nous n'ayons

pas à nous préoccuper de faire, à l'un et à
l'autre, la part de blâme ou d'éloge qui doit
leur revenir; nous nous bornerons à re-
tracer, d'après des faits publics, le simple
historique de la Dette tunisienne, dans le
but de mettre les intéressés en position de
décider eux-mêmes sur qui doit retomber
la responsabilité de la situation actuelle de
la Régence.

Nous savons de source certaine, qu'en
1862 une situation de la Dette générale fut
présentée au Conseil privé et au Conseil
suprême réunis. Le procès-verbal de la
séance dans laquelle elle a été discutée, et
qui porte la signature du bey, celle de ses
ministres et des membres des deux conseils,
a constaté, disait-on à cette époque, que le
déficit laissé par les règnes précédents n'atteignait guère que vingt millions de francs.
Les procès-verbaux des autres séances de
ces deux corps délibérants prouveraient, en
outre, que les revenus de l'Etat non-seule-

ment couvraient les dépenses, mais que, grâce à la réduction des dépenses au strict nécessaire, réduction opérée par la sage prévoyance de ces conseils, ils donnaient encore un excédant suffisant pour payer les intérêts de la Dette existant alors.

C'est vers cette époque que le général Khérédine se démit de toutes ses fonctions, et que les deux conseils furent dissous par les intrigues du premier ministre et de ses partisans, qui démeurèrent ainsi maîtres absolus de l'administration.

Avec l'année 1863 commence la série des emprunts publics. Au mois de mai de cette année, le premier ministre contracte avec la maison Erlanger de Paris un emprunt de 35 millions de francs. Le déficit n'étant alors que de 20 millions, l'on est en droit de se demander où sont passés 15 millions sur les 35 millions empruntés.

Les partisans à tout prix de son administration pourraient-ils justifier de l'emploi de ces 15 millions!

En 1865 et 1866 il conclut divers emprunts, ensemble 9 millions de francs, avec M. Pinard, directeur du Comptoir d'escompte.

En 1865, autre emprunt de 25 millions de francs avec la maison Erlanger et autres banquiers.

Total : **69,000,000 de francs** empruntés à l'étranger en deux ans à peu près pour faire face à une dette de 20 millions.

On devrait au moins s'attendre à ce que cette dette aurait été remboursée ; il n'en a rien été cependant. Sidi Mustapha, après avoir fait pour lui et ses complices la part du lion, a employé ce qui restait en achats d'objets divers à l'étranger, et ces achats ont été eux-mêmes des occasions de nouveaux et énormes bénéfices au détriment de l'Etat. Le moyen qu'il employait était simple ; d'un côté, les contrats publics stipulaient des prix énormes, de l'autre, des conventions secrètes autorisaient les fournisseurs à livrer des marchandises vieilles et usées, achetées par eux à vil prix.

Voici deux exemples de ces marchés inqualifiables :

En 1864, cent canons rayés, dernier modèle, sont commandés en France. Le fournisseur achète de vieux canons, qu'il paie 340.000 francs environ et qui sont vendus au gouvernement tunisien pour un million. Les personnes chargées de la livraison des canons ayant eu connaissance de ce prix exagéré, exprimaient leur étonnement au fournisseur, et lui disaient :

« Comment pouvez-vous demander un million pour ce qui ne vous coûte que 340,000 francs ?

— C'est bien simple, répondit-il, le premier ministre veut gagner sur ce marché

cinq cent mille francs; je ne puis l'en empêcher et n'ai pas à contrôler les affaires
du bey de Tunis. »

Un officier d'artillerie, envoyé par le
gouvernement français sur la demande du
bey pour examiner ces pièces, les estima,
dit-on, à une valeur beaucoup inférieure
même à la moitié des 340.000 francs ci-
dessus.

Une frégate à hélice en bois est com-
mandée au prix de 2.400.000 fr., le double
de sa valeur; par suite encore de conventions secrètes, que livre-t-on au gouvernement?

Une simple corvette.

Notons, en passant, que le gouvernement
n'avait aucun besoin ni de canons, ni de
frégate, ni de tant d'autres bateaux à vapeur
achetés dans la même période de temps et
dans les mêmes conditions. Les canons ont
été jetés dans un coin de l'arsenal. Les ba-

teaux à vapeur, achetés à crédit et à des prix exorbitants, n'ont servi qu'à augmenter les charges annuelles. Plus tard, n'ayant plus les ressources pour les réparer et les entretenir, le gouvernement a dû les louer à un négociant anglais, sous la condition de les entretenir et d'y faire pour son compte les réparations nécessaires. Malheureusement, ces frais de réparation dépassèrent bien vite la valeur intrinsèque des navires, qui sont ainsi devenus la propriété du négociant en question. Perdre de cette façon une flottille, deux ou trois ans après son acquisition, sans avoir même réalisé 5 0/0 du prix qu'elle coûta, n'est-ce pas là un fait inouï qui aurait dû suffire pour ouvrir les yeux du bey sur la gestion de son premier ministre?

En présence de faits comme ceux que l'on vient d'indiquer, qui pourrait s'étonner que la partie de la fortune du premier ministre engagée dans la dette du gouvernement tu-

nisien au moment de la création de la commission financière se soit encore trouvée,
d'après la notoriété publique, de plus de
vingt millions de francs. Au lieu de se lais-
ser aller à un naïf sentiment de surprise, on
se dira naturellement que le premier ministre est trop habile en semblable matière pour
avoir acheté à l'origine, avec de l'argent
comptant, ses titres à la dépréciation des-
quels il travaillait ardemment lui même, en
menant expressément le gouvernement à la
banqueroute, et que par conséquent, il pourrait bien se faire qu'une grande partie de
ces vingt millions, représentât certaines
parts gratuites dans les emprunts dont on a
parlé.

Pendant que la dette extérieure allait
croissant, que se passait-il dans l'administration des finances à l'intérieur ? Ici, malgré la perception annuelle de 18 millions de
piastres au minimum de recettes régulières
ou arbitraires, malgré une contribution

100 millions de piastres prélevées sur le pays, pour frais des camps envoyés dans le but de réprimer l'insurrection provoquée par ses exactions (somme sur laquelle une enquête récente a démontré, parait-il, que les districts de Sousse et Monastier ont payés à eux seuls trente millions) ; malgré des ressources aussi considérables, l'administration du premier ministre a complétement cessé, dès 1866, de faire face au service de la dette, de payer les employés et l'armée, de pourvoir aux besoins de première nécessité du bey et des membres de sa famille, et cependant, lorsqu'elle a cessé d'avoir la gestion des finances, elle a laissé une dette flottante s'élevant, à plus de 50 millions de francs.

Il ne faudrait pas croire que la perception des impôts ne se faisait pas alors, on y mettait au contraire le plus avide acharnement et les exactions, les concessions, la vente des emplois et de la justice ne l'ont que trop souvent accompagnée. De nombreux aides de camp étaient envoyés dans toutes les parties de la Régence pour faire rentrer par tous les moyens les deniers publics, non pas dans la caisse de l'Etat, mais dans celle du ministre. Si un agent parvenait à échapper à leurs menaces et à expédier au gouvernement une somme quelconque, le fils du ministre, averti, envoyait aussitôt d'autres aides de camp pour arrêter sur la route, à trois lieues des portes de la ville, les porteurs de l'argent qu'il faisait ensuite transporter chez lui. Cela est de notoriété publique.

Voici un fait plus révoltant encore de dilapidation. Pendant les dernières années qui ont précédé l'installation de la commission financière, le gouvernement s'est souvent trouvé, on le sait, dans un embarras extrême pour se procurer le blé nécessaire à la fabrication quotidienne du pain pour le bey, pour sa famille et pour les troupes. Faute d'argent, on achetait à crédit, et les vendeurs n'ayant qu'une médiocre confiance dans le gouvernement, exigeaient des prix trois et quatre fois trop élevés. Croit-on qu'avec ce blési chèrement acheté on ait fabriqué le pain avec l'économie que la situation exigeait ? Loin de là, le ministre donnait les boulangeries de l'Etat en fermage à Hamida-ben Ayed, associé de son fils, à des conditions qui permettaient à ces messieurs, de gagner 50 0/0 sur la fourniture du pain.

Nous pourrions citer bien d'autres faits de cette nature.

Dans cet état de choses désastreux pour le pays et pour les créanciers, le gouvernement francais fut amené par les plaintes de ses nationaux porteurs des titres des emprunts de 1863 et 1865, à faire des démarches auprès du gouvernement tunisien. Ces démarches n'ayant pas abouti, il proposa, d'accord avec l'Angleterre et l'Italie, l'établissement d'une commission financière chargée de constater le chiffre total de la dette et de pourvoir au service des intérêts.

Le général Khérédine, qui depuis sa démission, vivait retiré, fut appelé par le bey, à présider cette commission, qui fût la conséquence de la funeste administration du premier ministre.

Cette commission s'est trouvée, à ce qu'il paraît, en face d'une dette qui atteignait 170 à 175 millions de francs en capital et intérêt échus et non payés, somme dont les intérêts annuels devaient être de plus de 20 millions de francs, tandis que les impôts ordinaires ne s'élevaient qu'au chiffre brut de 18 millions de piastres, soit 11 millions de francs pour ses dépenses et pour faire face à 20 millions d'intérêts.

Quelle dette en si peu de temps et pour un si petit pays ! Nous avons déjà dit à quel emploi elle a été destinée.

Tel est pourtant le résultat de l'adminis-

tration, de 1862 à 1869, de ce premier ministre si vanté par ceux qui n'aiment à pêcher qu'en eau trouble et qui n'attaquent
sans doute la commission que parce qu'elle
ne leur en fournit pas l'occasion.

Quelques personnes lui reprochent de n'a-
voir pas répondu à tout ce qu'on attendait
d'elle, mais elles ne doivent pas oublier com-
bien sa tâche a été rude. En effet, elle avait
à poursuivre deux buts extrêmement diffi-
ciles : 1ᶜ Liquider la dette, fixer d'après les
ressources de l'Etat les sommes qu'il serait
possible d'affecter au service de ses intérêts
et faire la part de chacun dans leur répartition. 2º Introduire dans l'administration, par
la voie du comité exécutif, des améliorations
propres à favoriser l'accroissement des revenus en faisant renaître la confiance et en
facilitant le recouvrement des impôts sans
rien exiger au delà, et à empêcher les recettes, d'être détournées de leur destination
naturelle. Ces réformes ont nécessaire-

ment mécontenté les agents du fisc qui avaient l'habitude d'exiger des contribuables plus qu'ils ne devaient au gouvernement et les employés dont les émoluments ont dû être diminués par suite de nécessités financières, ou qui ont été renvoyés parce que leurs emplois n'étaient que des sinécures.

Ces améliorations et la perception des impôts ne pouvaient être assurées qu'avec l'appui énergique du bey et le concours loyal de ses fonctionnaires. Malheureusement ce concours fait défaut, et le chef de l'Etat se montre tellement faible que tous ses actes politiques et administratifs sont subordonnés à la volonté de son premier ministre, bien qu'il eût dû ne pas rester aveugle à la cruelle leçon du passé. Que voyons-nous, en effet? Au lieu d'employer pour le bien général le pouvoir aussi absolu qu'arbitraire que Son Altesse continue à lui abandonner, le khasnadar s'en sert ouvertement contre la Commission afin de ressaisir l'administration sans contrôle des finances. Dans ce but, il fait agir les mécontents et les employés, qui sont ses partisans. Ceux-ci, sans parler des profits que leur vaut leur complicité, sont forcés de ne faire que ce qu'il veut, parce qu'il dépend exclusivement de lui de les maintenir dans leurs fonctions ou de les révoquer. Connaissant son caractère et l'étendue de son autorité, ils savent fort bien que rien ne se fait que par sa volonté. Cela est si vrai que si l'on demande à quelqu'un d'eux son avis sur une question, dont les conséquences peuvent être utiles ou nuisibles, il répond, le sourire aux lèvres : l'affaire n'aura d'autre issue que celle qui plaît au ministre.

Dans une situation semblable, lorsque celui qui a entre ses mains un pouvoir absolu et illimité, au lieu de l'employer en faveur des réformes, ne cherche qu'à les entraver, il doit être évident pour tous que les maux qui peuvent affliger le pays ne doivent être imputés qu'à lui seul.

En ne prenant aucune précaution pour empêcher cette lutte inégale, les trois gouvernements ont eux-mêmes condamné la Commission à la subir tôt ou tard, et si cette Commission devait céder un jour, et par conséquent disparaître, il se trouverait alors que les gouvernements, au lieu de mettre fin, comme ils l'ont voulu, à l'administration coupable et fatale du premier ministre, n'auraient fait que la débarrasser des entraves qu'un passé exécrable avait accumulées devant elle.

Quoi qu'il en soit, la Commission, après avoir constaté et arrêté le chiffre de la Dette, en a classé tous les titres en diverses catégories, en fixant à 6,500,000 francs à peu près le chiffre des intérêts annuels à servir, elle en a garanti le paiement par l'affectation toute spéciale de revenus concédés par Son Altesse le bey et que des délégués des créanciers sont chargés d'administrer pour le compte de ces derniers. Les coupons de janvier et de juillet ont été payés; celui de janvier 1872 est garanti.

Le Comité exécutif administre les revenus non concédés. Depuis dix-huit mois il a pu subvenir aux plus pressants besoins du bey et de son gouvernement, sans aucune augmentation de la Dette, sans recourir aux ressources honteuses et funestes de la vénalité des emplois et de la justice, sans accroissement des impôts; au contraire, l'impôt personnel qui, dans ces dernières années, n'avait aucune limite, a été réduit par les soins de la commission à 25 piastres par tête pour la première année et ne dépassera pas 40 à partir de la quatrième année; la réduction de la taxe sur les *méchias*, dont l'exagération avait ruiné les cultivateurs, s'ajoutant aux espérances qu'a fait naître parmi eux la ligne de conduite adop-

tée pai la Commission et à la confiance que
les produits de leur récolte ne deviendraient
pas comme autrefois la proie des exactions
et de la violence, ont permis à ces derniers
d'augmenter, dès l'année dernière, leurs
cultures de 300 p. 0/0 ; pour l'année cou-
rante, la sécheresse effrayante qu'a subie
le pays pouvait seule anéantir des résultats
bien plus considérables encore et qui eus-
sent complétement transformé les conditions de la richesse du pays.

Ce n'est là que le simple aperçu d'une situation que tout le monde connait ei voit
à Tunis, qui a été obtenue par la Commission
dans l'espace de dix-huit mois malgré l'im-
mensité du mal en face duquel elle s'est
trouvée tout d'abord, malgré l'insuffisance
des récoltes et la guerre extérieure qui a
empêché tout commerce avec l'étranger,
malgré même les intrigues du premier ministre et de ses créatures pour revenir à
l'ancien système administratif maintenant

que, comme ils le disent tout haut, ils croient liquidé le passé qui est leur ouvrage et un avenir nouveau ouvert devant eux. Ce système, on sait en quoi il consiste ; ce sont les exactions, la violence, la dilapidation, la vénalité la plus éhontée, travaillant ensemble pour la fortune d'un seul homme au prix de la ruine du pays tout entier.

Nous croyons en avoir assez dit pour édifier sur ce système nos compatriotes intéressés dans la Dette tunisienne. Mais si la cabale dont nous avons parlé persiste dans ses manœuvres hostiles, nous montrerons, dans un autre écrit, preuves en main, de quelle manière se faisaient la répartition et la perception des impôts, et comment on s'y prenait pour dissimuler, dans la comptabilité, les détournements de fonds.

Nous nous arrêtons ici, nous réservant de consacrer une notice spéciale à une spéculation plus fertile en scandale que celles que nous venons d'esquisser sommairement : nous voulons parler de la création des monnaies de cuivre qui ont jeté le commerce tunisien dans un désarroi complet, et de l'octroi de la ferme des monnaies, au trop connu Hamida-ben-Ayad, octroi gracieusement accordé par le premier ministre par une association qui le mettait en possession des deux tiers des produits de la spéculation et qui laissait le tiers restant à son complice dans ce crime d'Etat qualifié par toutes les législations.